이우식

한국생명과학 사진연구회 회원
연세대학교 교육대학원 석사
태성중학교 교사

최재규

한국생명과학 사진연구회 회원
단국대학교 교육대학원 석사
명륜여자중학교 교사

우리 강, 우리 냇가에 사는

생물

초판 1쇄 발행 2005년 5월 10일
초판 2쇄 발행 2006년 9월 1일

글·사진 한국생명과학 사진연구회 이우식 · 최재규
펴낸이 최석암
기획 편집 김은선 황정희 김훈배 전광진
제작 관리 조홍기 임경미
디자인  여희숙 김해연

펴낸곳 (주)한국DSM
주소 서울 강남구 논현동 221-5 엠빌딩 3층
전화 516-6562 **팩스** 516-7690 등록 제16-1159호(1995. 7. 3)

ISBN 89-5539-634-1 74470
       89-5539-636-8 74470(세트)

※잘못된 책은 바꾸어 드립니다.

재미있는 교과서 생태계 여행

우리 강, 우리 냇가에 사는
생물

글·사진 **한국생명과학 사진연구회**

DSM 주니어

| 머리말 |

물 속에는 우리가 생각하는 것 이상으로 엄청나게 많은 종류의 생명체들이 살고 있어요. 물 속의 환경은 육지처럼 급격한 환경 변화가 적어서 비교적 안정되어 있답니다. 하지만 이들 생명체들이 평화로운 것만은 아니에요. 먹고 먹히는 생존 경쟁이 끊임없이 계속해서 일어나거든요.

동물의 진화는 크게 두 무리로 나뉘어요. 겉에 갑옷을 입은 외골격 동물과, 몸 속에 뼈가 들어 있는 내골격 동물, 즉 척추 동물이 있어요.

외골격 동물의 대표로는 곤충류, 거미류, 다지류, 갑각류가 있어요.

파리, 잠자리, 나비, 딱정벌레, 하늘소 등은 곤충류로 지구상에서 가장 많은 종이에요. 거미류는 거미줄의 주인인 거미를 말해요. 지네, 노린재처럼 다리가 많은 녀석들을 다지류라고 하고, 갑각류로는 가재나 게, 새우가 있어요. 갑각류는 아가미로 호흡하며, 알에서부터 성체

● 우리 강, 우리 냇가에 사는 생물

까지 모든 생활을 물 속에서 해요. 대부분의 곤충류는 육상에서 생활하는데, 일부는 아가미가 없는데도 알과 애벌레 시기에 물 속에서 지내요. 또 성체가 되어서도 물 밖에서 공기를 호흡하고 물 속에서 살기도 해요. 게아재비, 물땡땡이, 물방개, 잠자리 애벌레 등이 그래요.

내골격 동물에는 어류, 양서류, 파충류, 조류 그리고 포유류가 있어요. 우리가 물고기라고 부르는 어류는 일생을 물에서 시작해서 물에서 마쳐요. 척추 동물 가운데서 최초로 뭍에 올라온 양서류는 어류에서 진화했어요. 도롱뇽이나 개구리의 조상들이죠.

교과서나 도감을 통해 보았던 동물들을 물가에 나가 직접 만나 보세요. 물 속 생물들의 신기한 생활들을 접할 수 있을 거예요.

언제나 우리 생활 주변의 자연을 잘 이해하고 보호하는 것이야말로 우리 모두에게 매우 중요한 일임을 잊지 마세요.

| 한국생명과학 사진연구회 |

    눈에 보이지 않는 미생물로부터 커다란 코끼리에 이르기까지 지구상에 존재하는 수많은 종류의 생물들은 자신만의 독특한 모양과 특징을 지니면서 오랜 세월을 생장하고 번식해 왔습니다. 이러한 생물들의 세계는 늘 우리에게 호기심과 신비의 대상이 되어 왔습니다. 많은 학자들이 아직도 생명체에 대한 연구를 하고 있지만, 이 연구물들을 보고서 형식의 글자들로만 남기기에는 많은 아쉬움이 있습니다.

    그래서 한국생명과학 사진연구회에서는 생물들의 세계를 현미경과 카메라에 담아 봄으로써 학문적인 가치도 높이고, 일선 학교에서 학생들의 수업 자료로도 활용될 수 있도록 했습니다. 현미경과 카메라에 포착된 생물들의 세계는 놀랍고 경이롭습니다. 그 신비의 세계를 어린이 여러분들과 함께 나누고자 합니다. 생물들의 또 다른 세계를 다른 눈을 통하여 바라보고 경험한다면 생명체의 소중함과 사랑하는 마음이 더욱 커지리라 생각합니다.

    본 연구회 회원은 대부분 생명과학을 전공하였으며, 생명과학 사진 촬영에 관심이 많고, 학교 현장에서 학생들을 가르치는 선생님으로, 연구원의 연구사로, 장학사로 근무하고 있습니다.

    작은 생명 하나 하나에도 소홀히 지나치지 않는 마음으로 생물의 중요성을 인식시키고자 많은 노력을 기울일 것임을 어린이 여러분들에게 약속 드립니다.

| 차 례 |

- 10 산개구리
- 12 무당개구리
- 14 가재
- 15 우렁이
- 16 피라미
- 17 갈겨니
- 18 왕잠자리 유충
- 19 거머리
- 20 두꺼비
- 22 비단잉어
- 23 물자라
- 24 도롱뇽
- 26 돌상어
- 27 플라나리아
- 28 쏘가리
- 29 황쏘가리
- 30 송어
- 31 돌고기
- 32 하루살이
- 33 장구벌레
- 34 게아재비
- 35 물방개
- 36 모래무지
- 38 물땡땡이
- 39 송장헤엄치게
- 40 잠마자
- 41 밀자개
- 42 누치
- 43 열목어
- 44 퉁가리
- 45 맹꽁이

2학년 슬기로운 생활 2-2, 45쪽

산개구리

산개구리는 주로 **산간 지대**에서 살아가는 개구리예요.
이곳 저곳을 돌아다니며 살다가 산란 때가 되면 자신이
태어난 곳으로 다시 돌아오는 습성을 지니고 있어요.
논이나 연못에서 서식하는 개구리는 '개골개골' 하고 울지만,
산개구리는 **'오로로로록 오로로로록'** 하고 운답니다.

🍀 다 자란 개구리는 암갈색 또는 흑갈색의
불규칙한 보호색 무늬를 띠어요.

🍀 보통 개구리는 땅 속에서
겨울잠을 자는데, 산개구리는
물 속 바위 밑에서 겨울잠을 자요.

🍀 3월에 약 400~3,000개의 알을 계곡 물가에 낳아요.

🍀 20~30일 후면 올챙이가 알에서 깨어나요.

🍀 앞다리보다 뒷다리가 먼저 나와요. 개구리는 이 뒷다리로 자신의 몸보다 25배나 더 높이 뛸 수 있어요.

🍀 앞다리가 생기면 꼬리가 점점 짧아져요. 발가락 사이에 물갈퀴가 있어요.

🍀 2~3개월 정도 지나면 꼬리와 아가미가 없어져요. 이때부터 허파와 피부로 호흡하고, 벌레를 잡아먹어요.

11

무당개구리

1학년 슬기로운 생활 1-1, 15쪽

무당개구리는 무당벌레처럼 몸에 점이 있어요.
초록색 바탕에 검은 점이 몸 전체에 나 있답니다.
한 가지 특이한 점은 배가 붉다는 거예요. 적이 나타나면
배를 드러내고 발라당 드러눕는 습성이 있어요. **붉은 배**를
드러내어 적에게 **경계심**을 주기 위한 것이랍니다.

🍀 무당개구리는 산간 지대에 있는 연못이나 논, 호수 주변에 살아요.
대부분의 개구리들이 숨을 내쉬며 울음소리를 내지만, 무당개구리는 숨을 들이쉬면서 울음소리를 내요.

🍀 겨울이 되면 무당개구리는 돌 밑이나 땅 속으로 들어가 겨울잠을 자요.

🐸 청개구리

풀이나 나뭇잎 위에서 살며,
주변 색상에 따라 몸의 색깔을 바꿔요.
수컷은 턱 밑에 큰 울음주머니를
가지고 있어요.

🍀 황소개구리

몸길이가 평균 12~13센티미터로 매우 커요.
마치 소가 우는 듯한 우렁찬 울음소리를 내요.
일반 개구리들은 곤충류를 잡아먹지만,
황소개구리는 물고기, 뱀, 개구리, 곤충 등을
잡아먹어요.

🍀 참개구리

우리 나라 논에서 흔히 볼 수 있는 개구리예요.
논개구리라고도 해요. 수컷의 등은 하얀 바탕에
검은 무늬를 띠지만, 암컷은 황갈색이에요.
참개구리 한 마리가 하루에 잡아먹는 해충은
무려 30~100마리나 된답니다.

🍀 옴개구리

오염된 물에 살아요.
다른 개구리에 비해 늦게 겨울잠에서 깨어나요.
피부에서 독특한 냄새가 난답니다. 수컷은
울음주머니가 없어 신음소리처럼 우는 소리를 내요.

가재

1학년 슬기로운 생활 1-1, 15쪽

가재는 아주 맑은 물이 흐르는 계곡에서 살아요.
주로 **밤에 활동**하며, 낮에는 돌 틈에 숨어서 잠을 자요.
새우와 게의 중간형에 속하는 **절지동물**로, 머리가슴과 배마디로
되어 있어요. 머리가슴에는 커다란 **집게다리가 1쌍** 있고,
배마디에 **배다리**가 있답니다. 주로 물 속에 있는 작은 동물이나
죽은 동물, 또는 식물을 먹고 살아요.

🍀 가재는 배다리로 수컷과 암컷을 구별해요.
5쌍의 배다리 중 2쌍이 나머지 3쌍보다
특이하게 크면 수컷이고, 5쌍 모두 같거나
잔털이 나 있으면 암컷이에요.

6학년 과학 6-1, 45쪽

우렁이

진흙이 많은 논이나 호수, 늪에서 흔히 볼 수 있는 생물이에요. **둥글고 원추형**으로 생긴 얇은 껍데기로 둘러싸여 있으며, 황갈색 또는 흑갈색을 띠고 있어요. 주로 진흙 상태의 **유기물**을 먹고 살아요. 겨울에는 진흙 속으로 들어가 잠을 자며, 비가 내리지 않을 때는 진흙을 파고 들어가 참고 견딘답니다.

🍀 우렁이는 암수 구별이 뚜렷해요. 주둥이에 나 있는 2개의 촉수 중 오른쪽의 촉수가 구부러져 있는 것이 수컷이에요. 이 촉수는 생식기 기능을 한답니다.

피라미

4학년 실험관찰 4-2, 12쪽

우리 나라의 대표적인 민물고기예요.
주로 **바다로 흐르는 하천**에서 살아요.
오염된 물에도 잘 견디며 살아간답니다. 등쪽에 청갈색, 옆구리와 배쪽에 은백색의 색깔을 띠고 있어요. **긴 뒷지느러미**를 가지고 있답니다.
주로 곤충의 애벌레나 돌이나 모래에 붙어 있는 미생물을 먹고 살아요.

🍀 자갈밭에 산란 장소를 만들고 암수가 함께 들어가 알을 낳아요.

🍀 번식기가 되면 피라미는 특유의 혼인색을 띠어요. 이때가 되면 머리 밑이 검붉고, 가슴과 배, 등지느러미가 주황색을 띠며, 몸 전체가 청색을 띠어 무척 화려해져요.

★ 혼인색 : 번식기에 특징적으로 나타나는 동물들의 몸 색깔을 말해요.

갈겨니

피라미와 더불어 우리 나라의 **대표적인 민물고기**예요. 오염에 약한 물고기이기 때문에 물이 아주 맑고 깨끗한 **강 상류**에서만 살아요. 나무가 무성한 물가를 좋아하며, 주로 곤충을 잡아먹고 살아요. 특히 파리를 좋아한답니다.

🍀 주로 물 속에서 혼자 생활을 하지만, 몇 마리가 무리를 지어 다닐 때도 있어요.

🍀 갈겨니 수컷은 산란기가 되면 화려한 혼인색을 띠어요. 아가미, 가슴지느러미, 배지느러미, 뒷지느러미 그리고 꼬리지느러미 등이 고운 노란색을 띠고, 등지느러미 부근이 보라색 또는 홍적색을 띠어요. 물살이 느린 자갈밭에 알을 낳는답니다.

왕잠자리의 유충은 연못이나 습지, 웅덩이에서 살아요.
이름에서도 알 수 있듯이 **몸길이가 5센티미터**나 돼요.
아가미로 호흡을 하며, 물벼룩 같은 생물을 잡아먹어요.
점차 자라면서는 송사리, 올챙이, 실지렁이 등을 잡아먹는답니다.
먹이를 보면 순식간에 입술을 뻗어 먹이를 잡아채는 날랜 녀석이에요.
그래서 **'물 속 사냥꾼'** 이란 별명이 붙었답니다.

🍀 왕잠자리는 수생 식물의 조직 속에 산란관을 꽂고 알을 낳아요.
부화를 하면 작은 새우 모양이 되었다가 허물을 벗고 유충이 돼요.

거머리

주로 **하천**이나 **논**에 많이 서식하는 생물이에요.
몸에 일정한 마디를 가지고 있어 늘어났다 줄어들었다 해요.
물 속에서는 몸을 길게 늘려 아래위로 몸을 흔들며 헤엄쳐 나아가요.
주로 모기나 하루살이의 유충을 잡아먹어요. 앞, 뒤쪽에 있는
흡착판으로 가끔 사람이나 물고기와 같은 동물에 달라붙어
피를 빨아먹기도 한답니다.

🍀 흡착판은 물이 없는 곳에서 이동을 하는 데 유용하게 사용돼요.
흡착판으로 가고자 하는 곳으로 달라붙어 몸의 길이를 늘였다
줄였다 하며 옮겨 다녀요.

두꺼비

두꺼비는 개구리와 비슷하게 생겼어요.
하지만 개구리에 비해 통통하며, **몸집이 크고 다리가 짧아요.**
더구나 몸 전체에 작은 돌기가 많이 나 있어 징그럽기까지 해요.
두꺼비는 주로 땅 위 습한 곳에서 곤충들을 잡아먹으며 생활하는데,
번식기가 되면 물가로 내려온답니다.

🍀 겨울잠에서 깨어난 두꺼비는 짝짓기를 하려고 암컷을 찾아 물가로 내려와요. 암컷을 찾으면 곧바로 등에 올라타 짝짓기를 한답니다.

🍀 두꺼비는 개구리와 마찬가지로 체외 수정을 해요. 수컷이 암컷의 등에 올라타서 앞발로 배를 눌러 주면 암컷이 알을 낳아요. 이때 수컷이 정자를 뿌려 수정을 한답니다. 한 마리의 암컷이 낳는 알은 대략 1~2만 개예요.

🍀 배는 전체적으로 연한 갈색을 띠고 있어요. 어두운 갈색의 작은 무늬가 많이 흩어져 나 있어요.

🍀 2주 정도 지나면 알에서 올챙이가 부화해요. 뒷다리가 먼저 나오고, 앞다리가 나온답니다. 꼬리가 없어지면 떼를 지어 물이 흐르는 곳을 따라 산으로 올라가요.

사람들이 물고기의 아름다움을 즐겨 보기 위해 관상용, 애완용으로 만들어 낸 **민물고기**예요. 공원 안에 있는 연못이나 수족관에서 많이 볼 수 있는데, 검정·빨강·노랑·하얀색 등 **여러 색깔의 비단잉어**가 있어요. 그 중에서 대표적인 것이 하얀색 바탕에 붉은 무늬가 있는 비단잉어랍니다.

🍀 사람들이 많이 모이는 공원 또는 유원지 내의 연못에 관상용으로 비단잉어를 키우고 있어요.

물자라

저수지나 하천의 잔잔한 물가에 사는 **황갈색의 곤충**이에요. 몸은 거의 타원형이며 편평하게 생겼어요. 초여름에 암컷은 **수컷의 등에 많은 알을 낳는 특이한 습성**을 가지고 있어요. 그러면 수컷은 등에 붙은 알에게 충분한 산소를 공급하기 위해 하루종일 물 밖에서 지내요. 물 밖에는 무서운 천적들이 있지만, 물자라 수컷은 부성애를 발휘해 알을 굳건히 지켜 낸답니다.

🍀 노린재의 일종으로 물 속에 살며, 작은 물고기나 올챙이 등 수생 동물의 몸에 날카로운 입을 찔러 넣어 체액을 빨아먹어요.

6학년 과학 6-1, 52쪽

도롱뇽은 냇물이 흐르는 야산 어디에서나 흔히 볼 수 있는 동물이에요.
알은 물 속에서 낳지만, 생활은 땅 위에서 하는 **양서류**예요.
도롱뇽은 개구리와 마찬가지로 변태기의 과정을 거쳐요.
유생 때에는 **겉아가미**로 호흡하지만, 성장하면 변태해서
폐호흡을 한답니다. 지렁이와 물가에 사는 곤충을 잡아먹고 살아요.

🍀 갈색 바탕에 암갈색의 둥근 얼룩 무늬가 띄엄띄엄 나 있어요.
특히 눈 뒷부분부터 몸통 등쪽에 나 있는 무늬는 더욱 또렷해요.

🍀 논이나 고인 물 속에 긴 관처럼 생긴 알주머니 2개를 낳아요. 알주머니 한쪽을 물풀의 뿌리나 나무껍질 등에 붙여 놓아요. 알주머니 속에 100개 정도의 알이 들어 있답니다.

🍀 대개 산란한 뒤 3~4주일 이내에 알에서 깨어나요. 알에서 깨어난 도롱뇽 유생은 겉아가미로 호흡하며 물 속에서 생활해요.

🍀 성장하면 아가미는 퇴화해요. 폐가 발달하여 폐로 호흡을 하며 땅 위에서 생활한답니다.

돌상어

붉은 빛을 띤 황갈색의 물고기로, 우리 나라 한강·금강·임진강 상류에 서식하는 **특산종**이에요. 자갈과 돌이 깔리고 물살이 빠르게 흐르는 맑고 얕은 여울에서 살아요. 주로 돌 주위에 잘 숨고, 이 돌에서 저 돌로 재빠르게 옮겨 다니며 물 속에 있는 곤충들을 잡아먹어요. 진달래꽃이 필 때 나타난다고 해서 **꽃고기**란 예쁜 별명도 가지고 있답니다.

🍀 돌상어는 입 끝에서 등지느러미까지 굽은 형태를 하고 있으며, 입이 넓어요.

온도가 낮고 **깨끗한 물 속**에서 사는 생물이에요. 산골짜기의 물웅덩이나, 깨끗한 연못에 있는 돌이나 낙엽 밑에 붙어서 살아요. 모양은 전체적으로 길쭉하고 납작하며, **머리는 세모꼴**이고 꼬리는 갸름해요. 몸의 색깔이 갈색이라서 낙엽에 달라붙으면 눈에 잘 띄지 않아요. 특이한 것은 자신의 몸을 둘로 잘라서 **번식**을 한다는 거예요. 머리 쪽 잘린 곳에서 꼬리가 새로 생기고, 꼬리 쪽 잘린 곳에서 머리와 눈이 생긴답니다. 참 신기하죠?

🍀 플라나리아는 물 속의 돌이나 낙엽 밑에 붙어서 살아요.

쏘가리

2학년 국어 2-1, 53쪽

쏘가리는 물이 맑고 **바위가 많은 강**에 사는 민물고기예요. 몸길이가 길고 납작하며, 입이 커요. 온몸에 표범 같은 **얼룩 무늬**가 있답니다.

쏘가리는 큰 돌이나 바위틈에서 혼자 생활하는 물고기예요. 해질 무렵 굴에서 나와 돌아다니다가 동이 틀 무렵에 자기 굴로 돌아가요. 위험이 닥치면 잠깐 집 밖으로 나가 있다가, 위험이 사라지면 다시 돌아오는 습성을 가지고 있어요. 화가 나면 몸이 부풀어 올라요.

🍀 쏘가리와 꺽지는 종종 같이 지내요. 쏘가리는 표범 같은 얼룩 무늬가 온몸에 나 있어요. 반면 꺽지는 검은 빛깔의 불규칙한 무늬가 나 있어요. 또한 꺽지는 등지느러미와 뒷지느러미에 단단한 가시가 있어요.

황쏘가리는 몸 색깔이 황금색으로 된 쏘가리 종류의 민물고기예요. **색소 결핍증**에 걸렸을 때 나타나는 **돌연변이**랍니다. 하지만 돌과 자갈이 잘 어우러진 우리 나라 한강 중·상류에만 사는 희귀한 물고기예요. 그래서 **천연기념물**로 지정되었어요. 우리 나라 토종 민물고기 중에서 가장 화려하답니다.

🍀 우리 나리 토종 민물고기로, 황금색이에요. 한강의 황쏘가리는 1967년에 천연기념물로 지정되어 보호받고 있어요.

송어

송어는 물이 맑고 차가운 **강의 최상류**에서만 살아요. 연어보다 몸이 굵고 둥글며, 약간 납작해요. 산란기가 되면 암컷과 수컷이 **까만 갈색**으로 변해요. 수컷은 주둥이가 길게 구부러지며, 몸 양쪽에 복숭아 색깔의 구름 무늬가 나타나요. 암컷과 수컷은 알을 낳기 위해 바다에서 강으로 거슬러 올라와요. 그리고 **알을 낳고는 모두 죽는답니다.**

🍀 물이 맑고 자갈이 깔린 상류에서 돌 웅덩이를 파고 알을 낳아요. 알에서 깨어난 어린 송어는 다음 해에 바다로 내려가서 2년 후에 다시 상류로 되돌아온답니다.

4학년 과학 4-2, 6쪽

돌고기

물이 맑고 느리게 흐르는 곳에서 서식하는 민물고기예요.
처음에는 '돼지고기'라고 불렀는데, 뭐든지 잘 먹기 때문이에요.
그래서 우리 나라 토종 민물고기인 **버들치**와 함께
대식가로 손꼽혀요. 돌 밑이나 바위틈에 숨어서 생활하며,
자갈이 많은 곳이나 돌 밑에다 알을 낳아요. 주둥이에서
꼬리지느러미까지 몸 중앙을 따라 검은색의 넓은 줄무늬가 있는
것이 특징이랍니다.

🍀 돌고기의 몸은 짧고 통통하며, 뒤쪽으로 갈수록 길쭉해요.
뾰족한 주둥이에 입술은 두툼하답니다.

하루살이

무더운 여름날 해질 녘에, 아주 작은 날벌레들이 윙윙거리며 나는 것을 보았을 거예요. 이 날벌레가 하루살이 성충이에요. 애벌레에서 성충으로 자란 하루살이가 떼를 지어 날아오르는 것은 **짝짓기를 하기 위한 결혼 비행**이에요. 짝짓기가 끝나면 암컷은 재빨리 물 속에 알을 낳은 뒤 죽고, 수컷도 마찬가지로 몇 시간 안에 죽어요. 하지만 결혼 비행을 하기 위해 준비하는 기간은 아주 길답니다. 다른 곤충 못지않게 유충으로 지내는 기간은 **1~3년 정도**예요.

🍀 알, 애벌레 과정을 거쳐 성충으로 자란 하루살이의 생김새는 잠자리와 비슷해요. 그러나 날개와 몸이 매우 작아요.

🍀 하루살이는 특이하게도 성충 시기에 들어서면 입이 퇴화해 아무것도 먹지 못해요.

장구벌레는 **모기의 유충**이에요.
머리가 크며, 몸에는 잔털이 많이 나 있어요. 여름철에 고여 있는 물웅덩이에서 쉽게 관찰할 수 있는데, 머리와 꼬리가 맞닿을 만큼 몸을 움츠렸다 폈다 하며 부지런히 움직여요. 장구벌레는 **물웅덩이**에 있는 썩은 **유기물**을 먹고 자라요. 몇 번의 탈피를 거쳐 번데기가 되면, 1~2일 후에 번데기의 등이 갈라지며 성충인 모기가 나온답니다.

🍀 모기의 유충은 물 위에서 먹이를 잡아먹어요. 또한 물 속에 잠겨 먹이를 잡아먹는 녀석들도 있어요.

게아재비

3학년 과학 3-1, 77쪽

앞다리가 사마귀와 비슷하다고 하여 **'물사마귀'** 라고도 해요. 몸은 전체적으로 가늘고 둥근 편이며, 연한 갈색을 띠고 있어요. 앞다리는 사마귀와 같이 집게 모양이고, 중간다리와 뒷다리는 매우 길어요. 꼬리 끝에는 **기다란 호흡관을** 가지고 있는데, 숨이 차면 수면 위로 올라와 호흡관을 물 위로 갖다 대고 호흡해요. 물이 더러워지거나 먹이가 없으면 날개를 펼쳐 다른 개천이나 연못으로 날아간답니다.

🍀 손으로 잡거나 하면 앞다리의 밑부분과 밑마디에 있는 구멍을 비벼 소리를 내요.

3학년 과학 3-1, 70쪽

주로 연못이나 늪 같은 곳에 살며, 물 속에 있는 잠자리 유충과 올챙이, 작은 물고기를 잡아먹는 곤충이에요. 검은색의 딱지날개가 있으며, 딱지날개 가장자리를 따라 **황갈색의 테두리**가 있어요. 딱지날개 속에는 날 수 있는 날개가 있는데, 다른 곳으로 이동할 때 사용해요. 물방개는 꼬리 부분에 있는 **기문**을 수면 밖으로 내밀어 호흡을 해요. 숨을 내쉬러 수면 위로 올라올 때마다 **딱지날개**와 배 사이에 공기를 저장하고 물 속으로 들어간답니다.

🍀 물방개는 가늘고 긴 가슴다리를 이용하여 물 속에서 능숙하게 헤엄치며 돌아다녀요. 주로 작은 물고기와 올챙이를 잡아먹어요.

모래무지

물이 맑은 강가에서 서식하는 물고기로, 봄·가을에 모래나 자갈바닥에서 흔히 볼 수 있어요. 모래무지는 이름처럼 **머리만 내놓고 모래 속에 숨는 습성**이 있어요. 먹이를 먹을 때는 모래와 같이 먹은 후, 먹이만 삼키고 모래는 뿜어서 뱉어 낸답니다.

🍀 머리가 길고 뾰족해요.
   긴 주둥이 밑에 있는 입이 마치 말발굽처럼 생겼어요.

🍀 입술 양쪽에 1개씩 수염이 나 있어요.

🍀 모래나 자갈돌 같은 담갈색의 보호색을 띠어요.

37

물땡땡이

물땡땡이는 물방개와 많이 닮았어요. 하지만 물방개는 육식성인 반면, 물땡땡이는 **초식성**이에요. 여름이면 수면에 있는 수초에 달라붙어, 넓은 수초를 씹어 상처를 내고 부드럽게 만들어요. 바로 **알주머니**를 만들기 위해서예요. 이렇게 만든 다음 물땡땡이는 꼬리 끝에서 명주실 같은 물질을 뿜어 알주머니를 만들어요. 1개의 알주머니 속에 수십 개의 알을 낳는답니다.

🍀 물방개와 물땡땡이는 헤엄치는 모습으로도 구별할 수 있어요. 물방개는 좌우의 다리를 함께 사용하여 헤엄치는 반면, 물땡땡이는 걸어가듯이 좌우의 다리를 번갈아 움직이며 헤엄친답니다.

송장 헤엄치게

송장헤엄치게는 **거꾸로 누워서 헤엄**치는 곤충이에요. 저수지나 산 속의 잔잔하게 고인 물에 살아요. 유충과 성충 모두가 누워서 헤엄치지요. 주로 물 밑에서 생활하는데, 길고 튼튼하게 발달한 **뒷다리를 노처럼 움직여요.** 방향을 바꿀 때는 한쪽 다리만 사용한답니다. 송장헤엄치게의 날개 밑에는 공기막이라는 것이 있어요. 이곳에 공기를 저장했다가 물 속에서 호흡하는데, 공기를 모두 사용하면 수면으로 올라와 신선한 공기를 **공기막**에 채우고 다시 물 속으로 들어가요.

🍀 송장헤엄치게는 날카로운 앞다리로 어린 물고기나 올챙이, 곤충류 등을 잡아 체액을 빨아먹어요.

참마자

참마자는 물이 맑고 자갈이 깔린 **강 중상류 지역**에 서식하는 민물고기예요. 생김새가 누치와 비슷하게 생겼어요. 하지만 크기가 작고 몸 옆면에 **7~8개의 흑점이** 줄지어 있는 것으로 구별을 한답니다. 강바닥 가까이에서 헤엄을 치며, **모래 속**으로 파고드는 습성을 갖고 있답니다.

🍀 몸 옆면에 7~8개의 흑점이 줄지어 있어요.

🍀 산란기가 되면 수컷은 가슴지느러미가 주황색으로 변하고, 암컷은 노란색으로 변해요. 알을 낳으면 모래나 자갈바닥에 붙여 놓아요.

밀자개

우리 나라 **큰 강 하류**에 사는 민물고기예요. 옆면의 등과 옆쪽에 큰 암갈색의 반점이 있고, 메기처럼 입가에 **4쌍의 수염**이 있어요. 특히 등과 배, 가슴에는 지느러미가시가 있는데, 찔리면 무척 아프답니다. 밀자개는 육식성으로, 물 속에 사는 곤충이나, 새우와 같은 작은 갑각류를 잡아먹어요.

🍀 밀자개의 피부는 얇고 비늘이 없으며, 뼈가 드러난 것처럼 보여요.

누치

🍀 산란기 때면 수심이 얕은 강변에 한바탕 소란이 일어나요. 암컷 한 마리가 낳은 알에 여러 마리의 수컷이 수정할 기회를 잡기 위해서랍니다.

누치는 서해와 남해로 흐르는 큰 강에 살아요. **눈치가 빠르다** 하여 누치라는 이름이 붙여졌어요. 누치는 **맑고 깊은 물**을 좋아해요. 모래나 자갈이 깔린 강 밑바닥을 헤엄치며 작은 동물들을 먹고 살아요. 5~6월경에 수십 개의 알을 **포도송이 모양**으로 뭉쳐 낳고는 모래나 자갈에 붙여 놓는답니다.

열목어

열목어는 온몸에 작은 흑갈색의 반점이 있는 물고기예요. **물이 맑고 찬 곳**에서만 살아요. 여름철에도 차가운 물을 찾아 상류로 거슬러 올라가요. 겨울철에는 강 하류의 깊은 물 속에서 겨울을 보낼 정도예요. **3월경**에 산란을 위해 암컷과 수컷이 자갈바닥으로 모여들어요. 이때 암컷이 산란한 알에 **수컷이 수정**을 하기 위해 치열한 다툼을 벌인답니다.

🍀 어린 열목어의 몸은 황갈색 바탕에 9~10개의 흑갈색 무늬가 있어요.

퉁가리

우리 나라 **특산 물고기**예요. 하천의 중상류에 살며, 주로 밤에 활동을 해요. 몸은 전체적으로 주황색을 띠는데, **퉁가리**라는 이름처럼 생김새가 아주 특이하답니다. 메기처럼 길쭉한 몸에 머리 부분은 납작하고 둥그스름해요. 그러나 꼬리 쪽으로 갈수록 옆으로 매우 납작하게 변해요. 납작한 주둥이에는 길고 **짧은 4쌍의 수염**이 있어요. 튀어나온 눈과 아래턱에 이가 나 있어 마치 괴물 같답니다.

🍀 물이 맑고, 자갈이 깔린 곳에 살아요. 돌 밑에 잘 숨으며, 주로 밤에 돌아다녀요.

맹꽁이

맹꽁이는 두꺼비와 비슷하게 생겼어요. 하지만 두꺼비는 활동적인데 맹꽁이는 그렇지 못해요. 걸음걸이도 **엉금엉금** 걸으며, 배가 볼록해요. 맹꽁이는 알을 낳는 동안에 **'맹꽁 맹꽁'** 하고 우는 버릇이 있어요. 산란 시기에는 주로 밤에 우는데, 특히 비가 오거나 날씨가 흐리면 낮에도 수컷이 울어 암컷을 꾀어내요. 이런 습성으로 산란 시기가 아니면 절대 울지 않고 모습도 보이지 않는답니다.

🍀 낮에는 땅 속에 숨어 있다가 밤에 기어나와 모기와 파리 등을 잡아먹어요.

🍀 맹꽁이는 뒷다리가 앞다리보다 길면서도 뛰지 못하고 엉금엉금 기어가요.